Bibliographische Information der deutschen Nationalbibliothek:

Die deutsche Nationalbibliothek verzeichnet diese Publikation in der
deutschen Nationalbibliographie; detaillierte bibliographische Daten sind im Internet
unter http:// dnb.dnb.de abrufbar.

Herstellung und Verlag:
BoD- Books on Demand, Norderstedt

ISBN: **9783746097442**

Wie analysiert man ein Gedicht?

Deutsch Oberstufe

Ein Praxishandbuch mit vielen praktischen Übungen, Erläuterungen und Lösungen (inkl. einer ausführlichen Einführung in die Metrik)

Inhalt:

Methodische Skizze:

- **Erklärung aller Basisbegriffe mit Beispielen und Übungsaufgaben**
- **Schema zur Analyse eines Gedichtes mit Erklärungen**
- **Formulierungshilfen für die Analyse**
- **Musterklausur mit Lösungen**
- **Vertiefende Übungen**

I.   Teil: Basisbegriffe

Lyrische Texte nennt man **Gedichte**. Sie bestehen aus **Versen** und verfügen zumeist über (mehrere) **Strophen**.

Der Sprecher im Gedicht wird **lyrisches Ich** genannt. Er darf nicht mit dem Autor gleichgesetzt werden. Das lyrische Ich kann im Gedicht wiederrum weitere Personen ansprechen (gemeinhin: lyrisches Du).

Viele Gedichte haben einen **Endreim**.

Gemeinhin unterscheidet man:

Paarreim (aa, bb,...)

Haus	A
Maus	A
Kind	B
Rind	B

Kreuzreim (ab,ab,....)

Haus	A
Rind	B
Maus	A
Kind	B

Umarmender Reim (abba, cddc...)

Haus	A
Rind	B
Kind	B
Maus	A

Haufenreim (aaa.....) [variiert je nach Darstellung zwischen mind. drei bzw. mind. vier Komponenten]

Haus	A
Maus	A
Laus	A
raus	A

Schweifreim (aabccb) [das b schweift aus]

Haus	a
Maus	a
Rind	b
Bild	c
Schild	c
Kind	b

Verschränkter Reim (abc, abc, ...)

Haus	A
Rind	B
Bild	C
Maus	A
Kind	B
Schild	c

Ferner unterscheidet man zwischen **reinen** und unreinen **Reimen**, sowie zwischen **Anfangs- und Binnenreimen.**

Üben!

Bestimmen Sie das Reimschema (Gedichtauszüge)!

A) Wie er wolle geküsset sein, Paul Flemming

Nirgend hin auf den Mund,
da sinkt's in des herzen Grund.
Nicht zu frei, nicht zu gezwungen,
nicht mit gar zu fauler Zungen.

B) Der Knabe im Moor, Anette von Droste-Hülshoff

O schaurig ists übers Moor zu gehen,
Wenn es wimmelt im Heiderauche
Sich wie Phantome die Dünste drehen
Und die Ranke räkelt am Strauche.

C) Die Rosen im Süden, Friedrich Hebbel

Aus den Knospen, die euch deckten,
Süße Rosen mein Entzücken,
Lockte euch der heiße Süd;
Doch die Gluten, die euch weckten,

Drohen jetzt zu ersticken,
Ach, ihr seid schon halb verglüht!

D) Abendlied, Mathias Claudius

Der Mond ist aufgegangen,
die goldnen Sternlein prangen,
am Himmel hell und klar;
der Wald steht schwarz und schweiget,
und aus den Wiesen steiget
der weiße Nebel wunderbar

E) Der Spinnerin Nachtlied, Clemens Brentano

Es sang vor langen Jahren
Wohl auch die Nachtigall,
Das war wohl süßer Schall
Da wir zusammen waren

F) Ankündigung, Mathias Claudius

Ich bin ein Boote und nicht mehr
Was man mir gibt das bring' ich her
Gelehrte und ploit'sche Mär
Von Ali bei und seinem Heer.

Gedichte verfügen über einen Sprechrhythmus, diesen nennt man **Metrum**. Um das Metrum zu bestimmen, geht man bestenfalls so vor:

1. Man bestimmt die Anzahl der Silben. Eine Silbe wird als X dargestellt.
2. Man bestimmt die Anzahl der betonten Silben. Damit liegen die Hebungen fest.
3. Anschließend betrachtet man die übrigen Silben. Sie sollten dann unbetont sein (prüfen, ob nur einfache Senkungen, oder Doppelsenkungen vorliegen).
4. Die eingezeichneten Hebungen und Senkungen einem Metrum zuordnen.

   Beispiel: Ich wandle in der Stille.

1. Ich wand-le in der Stil-le = 7 Silben
2. Ich **wand**-le **in** der **Stil**-le = 3 betonte Silben, also 3 Hebungen
3. *Ich* wand-*le* in *der* Stil-*le* = 4 unbetonte Silben, also 4 Senkungen

4. Unbetont-betont- unbetont-betont-… = regelmäßiger Wechsel von Hebung und Senkung, wobei immer zuerst eine Hebung vorliegt. Das Metrum ist ein Jambus (s.u.).

Wir unterscheiden fünf Metren.

A) Jambus **XX** (unbetont- betont)
B) Trochäus **XX** (betont- unbetont)
C) Daktylus **XXX** (betont- unbetont- unbetont)
D) Anapäst XX**X** (unbetont- unbetont-betont)
E) Spondeus **XX** (betont-betont)

Beispiele:

A) ge**lehrt**
B) **Ro**se
C) **Neu**ling
D) Staffe**lei**
E) **E-feu**

Tipps!

Merken Sie sich die Metren am besten mit der Gegenteilhaftigkeit (Jambus/Trochäus, Daktylus/Anapäst)!

Daktylus und Anapäst funktionieren als Eselsbrücke, da sie ihr eigenes Metrum inne haben (**Dak**tylus, Ana**päst**)!

Der Jambus ist das häufigste Metrum in der deutschen Lyrik!

Der Spondeus kommt nur selten vor!

Üben!

Bestimmen Sie das Metrum (tlw. Gedichtauszüge)!

    A)   Mondnacht, Joseph von Eichendorff

Es war, als hätt' der Himmel
Die Erde still geküßt,
Daß sie im Blütenschimmer
Von ihm nun träumen müßt'.

Die Luft ging durch die Felder,
Die Ähren wogten sacht,
Es rauschten leis' die Wälder,
So sternklar war die Nacht.

Und meine Seele spannte
Weit ihre Flügel aus,
Flog durch die stillen Lande,
Als flöge sie nach Haus.

    B) Pandora, Johann Wolfgang von Goethe

Alle blinken die Sterne mit zitterndem Schein,
Alle laden zu Freuden der Liebe mich ein.

C) Neue Liebe; neues Leben , Johann Wolfgang von Goethe

Herz, mein Herz, was soll das geben?
Was bedränget dich so sehr?
Welch ein fremdes, neues Leben !
Ich erkenne dich nicht mehr.
Weg ist alles was du liebtest,
Weg, warum du dich betrübtest,
Weg dein Fleiß und deine Ruh -
Ach, wie kamst du nur dazu !

D) Beispieltext

Oh Weh! Das Efeu schweigt!

E) Sehnsucht, Joseph von Eichendorff

Es schienen so golden die Sterne,
Am Fenster ich einsam stand
Und hörte aus weiter Ferne
Ein Posthorn im stillen Land.
Das Herz mir im Leib entbrennte,
Da hab' ich mir heimlich gedacht:
Ach wer da mitreisen könnte
In der prächtigen Sommernacht!

Des Weiteren untersucht man bei lyrischen Texten **Auftakt** und **Kadenz**. Unbetonte Silben vor der ersten Betonung in einem Vers nennt man Auftakt.

Beispiel:

Es war, als hätt' der Himmel die Erde still geküsst.

Tipps!

Jambische Verse haben der Regel nach immer einen Auftakt!

Verse im Trochäus haben keinen Auftakt! Das Ende einer Verszeile wird **Kadenz** genannt. Man unterscheidet:

A)   Klingende Kadenz (weibliche Kadenz)
B)   Stumpfe Kadenz (männliche Kadenz)

Eine klingende Kadenz ist also eine solche, wenn der Vers mit einer unbetonten Silbe endet.

Bei der männlichen Kadenz endet der Vers mit einer Betonung.

Beispiel:

.....**Welt** (männliche Kadenz)

...... **Son**-ne (weibliche Kadenz)

Üben!

Bestimmen Sie die Kadenzen.

Neue Liebe; neues Leben, Johann Wolfgang von Goethe

Herz, mein Herz, was soll das geben?
Was bedränget dich so sehr?
Welch ein fremdes, neues Leben !
Ich erkenne dich nicht mehr.
Weg ist alles was du liebtest,
Weg, warum du dich betrübtest,
Weg dein Fleiß und deine Ruh -
Ach, wie kamst du nur dazu !

Fesselt dich die Jugendblüte,
Diese liebliche Gestalt,
Dieser Blick voll Treu und Güte
Mit unendlicher Gewalt?
Will ich rasch mich ihr entziehen,
Mich ermannen, ihr entfliehen,
Führet mich im Augenblick,
Ach, mein Weg zu ihr zurück.

> Und an diesem Zauberfädchen,
> Das sich nicht zerreißen lässt,
> Hält das liebe lose Mädchen
> Mich so wider Willen fest;
> Muss in ihrem Zauberkreise
> Leben nun auf ihre Weise.
> Die Veränderung, ach, wie groß!
> Liebe! Liebe! Laß mich los!

Tipp!

Achten Sie darauf, ob ein Wechsel aus männlicher und weiblicher Kadenz sich direkt auf den Inhalt auswirkt!

Ferner untersucht man bei lyrischen Texten das **Verhältnis von Vers und Satz**. Man unterscheidet:

A) Zeilenstil (1 Vers entspricht einem Satz)
B) Enjambement („Zeilensprung", ein Satz geht im folgenden Vers weiter)
C) Hakenstil (zahlreiche Verse, entsprechen einem Satz; durchgestaltetes Enjambement)

Beispiel:

A) Vers 1: Ich gehe in den Garten,
   Vers 2: hoffte noch immer sie liebt mich.
B) Vers 1: Ich bin ein gutes Mädchen gar
   Vers 2: kunding und auch klug.
C) Vers 1: Ich gehe in die
   Vers 2: Schule, weil ich es
   Vers 3: tuen muss, doch
   Vers 4: lerne ich dabei, vielleicht
   Vers 5: auch etwas für mich.

Üben!

Stellen Sie die Enjambements dar.

Eduard Mörike: Der Feuerreiter

1Sehet ihr am Fensterlein
2Dort die rothe Mütze wieder?
3Nicht geheuer muß es sein,
4Denn er geht schon auf und nieder.
5Und auf einmal welch Gewühle
6Bei der Brücke, nach dem Feld!
7Horch! Das Feuerglöcklein gellt:
8Hinter'm Berg,
9Hinter'm Berg
10Brennt es in der Mühle!

Gedichte werden in der Schule meist zu einem übergeordneten Thema untersucht zum Beispiel Liebeslyrik. Zu jedem Themenkomplex gehören typische **Symbole** und **Wortfelder**.

Typische Symbole der Liebeslyrik wären zum Beispiel das Herz (für Liebe), das gebrochene Herz (für Trennung), der Ring (für die Ehe) etc.

Aber auch „Figuren" wie zum Beispiel der Wanderer in der Reiselyrik haben spezifische Funktionen, die jeweils entschlüsselt werden müssen.

Symbole sind im weitesten Sinne auch **Stilfiguren**. Stilistika bilden bei der Analyse eines Gedichtes in der Schule einen gewichtigen Teil und werden daher ausführlich behandelt.

Es lohnt sich die Stilistika zum Lernen dein Kategorien zu ordnen, da so eine Übersichtlichkeit gewahrt bleibt.

Wir unterscheiden:

I. Tropenfiguren

Metapher bildlicher Ausdruck, bildhafter Vergleich ohne „wie": Er ist ein Fuchs *für* Er ist schlau (wie ein Fuchs)

Synekdoche/ pars pro toto: Teilkongruenz zwischen dem Gesagtem und dem Gemeintem; das Ganze steht für einen Teil oder ein Teil für das Ganze: Sterbliche *für* Menschen; Köpfe *für* Menschen

Metonymie ersetzt das eigentlich benutzte Wort durch ein anderes: das ganze Haus applaudiert *für* alle Menschen im Haus [Saal] applaudieren

Euphemismus beschönigende Umschreibung, Aufwertung : alles überzuckert mit Recyclingmaterial *für* alles Verschmutzt mit Müll

Hyperbel Übertreibung: und Finsternis aus dem Gesträuch mit hundert schwarzen Augen sah! (Goethe)

Litotes Untertreibung, Geringschätzung durch Negation des Gegenteils: Das habt ihr gar nicht so schlecht gemacht! *für* gut gemacht!

Synästhesie Zusammenempfindung, Verbindung von Wörtern aus mehreren Sinnesbereichen: heiße Rhythmen

Personifikation Vermenschlichung lebloser Dinge: die Sonne lacht

Katachrese fehlerhafter Bildsprung: Der Zahn der Zeit wird auch darüber Gras wachsen lassen

Ironie Gegenteil des Gemeinten: (kontextabhängig) Gut gemacht!

Neologismus Wortneuschöpfung: Siebensternenschuhe (Lasker-Schüler)

II.   Wiederholungs- oder Hinzuziehungsfiguren

Parallelismus gelichartiger Satzbau: Wer wärmt mich, wer liebt mich noch? (Nietzsche)

Anapher Wortwiederholung am Satzanfang/ Versanfang: *Weg* ist alles was du liebtest,/ *Weg*, warum du dich betrübtest,/ *Weg* dein Fleiß und deine Ruh -/ (Goethe)

Epipher Wiederholung eines eines Satzes/Verses : Ich lieb' es nicht *das fremde Land*; ich hass' es fast, *das fremde Land*.

Alliteration Wiederholung des Anlauts: Milch macht müde Männer munter.

Assonanz Gleichklang der Vokale, Anhäufung gleicher Vokale : ich bin ein kleiner Miesepeter.

Pleonasmus unnötige Doppellung : tote Leiche, kaltes Eis

Tautologie Ausdruckssteigerung durch Anhäufung mehrere Begriffe, die nur einen Ersetzten: ich kann dem voll und ganz, komplett und ohne wenn und aber zustimmen

III.   Verknappungsfiguren

Ellipse unvollständiger Satzbau: Lass uns Stadt!

Zeugma Verbindung von Nomen oder Sätzen mit nur einem Verb: Er nahm die Koffer und Abschied von ihr! (Torberg)

IV.   Stellungsfiguren

Inversion Umstellung des Satzbaues entgegen der grammatikalischen Regeln: Gnade Gott der Seele dein! (Mörike)

Chiasmus Überkreuzstellung von Sätzen oder Satzteilen (gr. Chi.): Und doch, welch Glück, geliebt zu werden! / Und lieben, Götter, welch ein Glück! (Goethe)

Klimax Steigerung der Aussage, meist dreigliedrig: Ich kam, sah und siegte (Caesar)

Antiklimax Gegenteil einer Klimax, abfallende Steigerung: Ober-Mittel und Unterschicht

Antithese Gegenüberstellung gegensätzlicher Aspekte: Was dieser heute baut, /reißt jener morgen ein. (Gryphius)

Oxymoron Verbindung von scheinbar Widersprüchlichem: bittersüß

Paradoxon Widersprüchlicher Gedankengang: Ich befürchte, ich könnte mich am Eis verbrennen.

Hendiadyoin (gr. Eins/Zwei) Gleichstellung zweier Begriffe durch eine Verbindung mit und: die Weite und die riesigen Wälder *für* die Weite der riesigen Wälder

V.   Klangfiguren

Onomatopoesie Lautmalerei (z.t. ähnlich der Comicsprache): rassel, kikeriki

Tipp!

Achten Sie darauf, Stilmittel im Gedicht nicht nur zu beschreiben, sondern überlegen Sie, was der Autor durch den Einsatz dieses Stilmittels beim Leser erreichen will und wie sich das Stilmittel in den Kontext fügt!

Üben!

1. Bennen Sie die Stilmittel!
   a) Siebensternenschuhe:
   b) Muss denn immer der Morgen kommen?:
   c) Zwischen Tür und Angel:
   d) Er ist ein Fuchs:
   e) Tote Leiche:
   f) O lieb, o lieb:

2. Finden Sie Beispiele für folgende Stilmittel:
   a) Paradoxon:

   b) Anapher:

   c) Alliteration:

   d) Ellipse:

3. Erklären Sie, was folgende Fachbegriffe bedeuten :
   a) Klimax

   b) Chiasmus

c) Epipher

d) Parallelismus

4. Benennen Sie in folgenden Gedichtauszügen jeweils die stilistischen Mittel :

Hörst du, wie die Brunnen rauschen? Hörst du, wie die Grille zirpt? (Clemens Brentano)

Ich fasse den guten Stoff/ du fasst den Schlechten (Oscar Loerke)

schwarze Milch der Frühe (Paul Celan)

Am Abend, wenn die Glocken Frieden läuten, folg ich der Vögel wundervollen Flügen (Georg Trakl)

und kreist und dreht sich und hat nur ein Ziel (Rainer Maria Rilke)

Der Himmel ist aus riesenblauem Taft. (Erich Kästner)

Es spielten Sternenhände vier – / die Mondfrau sang im Boote (Else Lasker-Schüler)

Die Hütte wird durch dich ein Himmelreich (Johann Wolfgang von Goethe)

Er nahm die Koffer und Abschied von ihr. (Friedrich Torberg)

Der Abend spricht mit lindem Schmeichelwort [...] (Ernst Stadler)

das Wasser rauscht, das Wasser schwoll (Johann Wolfgang von Goethe)

5. Arbeiten Sie aus dem nachstehenden Gedicht alle Stilistika heraus.

Willkommen und Abschied, Johann Wolfgang von Goethe

Es schlug mein Herz, geschwind, zu Pferde!
Es war getan fast eh gedacht.
Der Abend wiegte schon die Erde,
Und an den Bergen hing die Nacht;
Schon stand im Nebelkleid die Eiche
Ein aufgetürmter Riese, da,
Wo Finsternis aus dem Gesträuche
Mit hundert schwarzen Augen sah.

Der Mond von einem Wolkenhügel
Sah kläglich aus dem Duft hervor,
Die Winde schwangen leise Flügel,
Umsausten schauerlich mein Ohr;
Die Nacht schuf tausend Ungeheuer,
Doch frisch und fröhlich war mein Mut:
In meinen Adern welches Feuer!
In meinem Herzen welche Glut!

Dich sah ich, und die milde Freude
Floß von dem süßen Blick auf mich;
Ganz war mein Herz an deiner Seite
Und jeder Atemzug für dich.
Ein rosenfarbnes Frühlingswetter

Umgab das liebliche Gesicht,
Und Zärtlichkeit für mich - ihr Götter!
Ich hofft es, ich verdient es nicht!

Doch ach, schon mit der Morgensonne
Verengt der Abschied mir das Herz:
In deinen Küssen welche Wonne!
In deinem Auge welcher Schmerz!
Ich ging, du standst und sahst zur Erden
Und sahst mir nach mit nassem Blick:
Und doch, welch Glück, geliebt zu werden!
Und lieben, Götter, welch ein Glück!

Auch grammatikalische Phänomene können als stilistisches Mittel genutzt werden. So betrachtet man beispielsweise die **Satzarten** (Aussagesatz, Interrogativsatz etc.). Man unterscheidet außerdem:

A) Parataxe: Aneinanderreihung von Hauptsätzen

B) Hypotaxe : Reihung von Nebensätzen

Auch das Verhältnis der **Zeit** muss in einem Gedicht beachtet werden. Wir unterscheiden

Präsens: Allgemeingültigkeit, Gegenwart

Präteritum: Vergangenheit, abgeschlossenes

Futur: Zukünftiges

In diesem Zusammenhang ist es sinnvoll auch darauf zu achten, ob es sich um Verben im Indikativ (Realität) oder Konjunktiv (Möglichkeitsform) handelt. Irreale Wünsche stehen im Konjunktiv II (**Modus**).

Ein weiterer wichtiger Aspekt ist die Betrachtung der **Gedichtform**. In der Schule werden zumeist nur die folgenden Gedichtformen eingeführt:

A) Ballade (Mischform aus Lyrik (gebundene Sprache), Epik (narrativ) und Dramatik (dialogische Figurenrede), metrisch gebunden)

B) Sonett (14 Verse, 2 Quartette (4-4),Mittelzäsur, 2 Terzette (3-3))

C) Volkslied (melodisch, tonhaftes Gedicht, regelmäßig gereimt, oft vierzeilige Strophenform)

Üben!

Ordnen Sie die drei Gedichte den obigen Definitionen zu!

   A) Einsamkeit, Andreas Gryphius

In dieser Einsamkeit der mehr denn öden Wüsten,
Gestreckt auf wildes Kraut, an die bemooste See,
Beschau ich jenes Tal und dieser Felsen Höh,
Auf welchen Eulen nur und stille Vögel nisten.
 Hier, fern von dem Palast, weit von den Pöbels Lüsten,
Betracht ich, wie der Mensch in Eitelkeit vergeh,
Wie auf nicht festem Grund all unser Hoffen steh,
Wie die vor Abend schmähen, die vor dem Tag uns grüßten.

Die Höhl, der raue Wald, der Totenkopf, der Stein,
 Den auch die Zeit auffrisst, die abgezehrten Bein
Entwerfen in dem Mut unzählige Gedanken.

Der Mauern alter Graus, dies ungebaute Land
Ist schön und fruchtbar mir, der eigentlich erkannt,
Dass alles, ohn' ein Geist, den Gott selbst hält, muss wanken.

B)   Der König in Thule, Johann Wolfgang von Goethe

Es war ein König in Thule,
Gar treu bis an das Grab,
Dem sterbend seine Buhle
Einen goldnen Becher gab.
Es ging ihm nichts darüber,
Er leert' ihn jeden Schmaus;
Die Augen gingen ihm über,
So oft er trank daraus.
Und als er kam zu sterben,
Zählt' er seine Städt' im Reich,
Gönnt' alles seinen Erben,
Den Becher nicht zugleich.
Er saß bei'm Königsmahle,
Die Ritter um ihn her,
Auf hohem Vätersaale,
Dort auf dem Schloß am Meer.
Dort stand der alte Zecher,
Trank letzte Lebensgluth,
Und warf den heiligen Becher
Hinunter in die Fluth.
Er sah ihn stürzen, trinken
Und sinken tief ins Meer,
Die Augen thäten ihm sinken,
Trank nie einen Tropfen mehr.

C) Der Handschuh, Friedrich von Schiller

Vor seinem Löwengarten,
Das Kampfspiel zu erwarten,
Saß König Franz,
Und um ihn die Großen der Krone,
Und rings auf hohem Balkone
Die Damen in schönem Kranz.

Und wie er winkt mit dem Finger,
Auf tut sich der weite Zwinger,
Und hinein mit bedächtigem Schritt
Ein Löwe tritt,
Und sieht sich stumm
Rings um,
Mit langem Gähnen,
Und schüttelt die Mähnen,
Und streckt die Glieder,
Und legt sich nieder.

Und der König winkt wieder,
Da öffnet sich behend
Ein zweites Tor,
Daraus rennt
Mit wildem Sprunge

Ein Tiger hervor,
Wie der den Löwen erschaut,
Brüllt er laut,
Schlägt mit dem Schweif
Einen furchtbaren Reif,
Und recket die Zunge,
Und im Kreise scheu
Umgeht er den Leu
Grimmig schnurrend;
Drauf streckt er sich murrend
Zur Seite nieder.

Und der König winkt wieder,
Da speit das doppelt geöffnete Haus
Zwei Leoparden auf einmal aus,
Die stürzen mit mutiger Kampfbegier
Auf das Tigertier,
Das packt sie mit seinen grimmigen Tatzen,
Und der Leu mit Gebrüll
Richtet sich auf, da wird's still,
Und herum im Kreis,
Von Mordsucht heiß,
Lagern die gräulichen Katzen.

Da fällt von des Altans Rand
Ein Handschuh von schöner Hand

Zwischen den Tiger und den Leu'n
Mitten hinein.

Und zu Ritter Delorges spottenderweis
Wendet sich Fräulein Kunigund:
»Herr Ritter, ist Eure Liebe so heiß,
Wie Ihr mir's schwört zu jeder Stund,
Ei, so hebt mir den Handschuh auf.«

Und der Ritter in schnellem Lauf
Steigt hinab in den furchtbarn Zwinger
Mit festem Schritte,
Und aus der Ungeheuer Mitte
Nimmt er den Handschuh mit keckem Finger.

Und mit Erstaunen und mit Grauen
Sehen's die Ritter und Edelfrauen,
Und gelassen bringt er den Handschuh zurück.
Da schallt ihm sein Lob aus jedem Munde,
Aber mit zärtlichem Liebesblick –
Er verheißt ihm sein nahes Glück –
Empfängt ihn Fräulein Kunigunde.
Und er wirft ihr den Handschuh ins Gesicht:
»Den Dank, Dame, begehr ich nicht«,
Und verlässt sie zur selben Stunde.

II.   Teil: Schritt für Schritt zu Analyse und Interpretation

Im Folgenden wird dargestellt, welche Aspekte zu einer Gedichtanalyse gehören. Sie bekommen Tipps, wie Sie diese am besten Umsetzen.

1) **Einleitungssatz** (soll das Gedicht als Ganzes vorstellen und enthält: Autor, Gattung, Titel, Erscheinungsjahr und das Thema des Gedichtes).
   - Ggf. folgt ein Satz zur epochalen Einordnung des Gedichtes
   - Ggf. folgt ein weiterer Satz zur vermutlichen Deutung (Deutungshypothese)

2) **Inhaltsangabe** (geben Sie den Inhalt strukturiert wieder. Gehen Sie entweder chronologisch vor oder orientieren Sie sich an thematischen Aspekten. Achten Sie darauf, keine Details zu nennen und ohne Deutung sachlich den Inhalt zu referieren; verzichten Sie auf Zitate, sondern nutzen Sie ihre eigenen Worte)

3) **Beschreibung und Deutung der formalen Aspekte** (hierzu zählt: Vers- und Strophenzahl, Reimschema, Metrum, Auftakt/Kadenz, Gedichtform) Sie können diese Aspekte auch im Hauptteil unterbringen, es hat sich jedoch gezeigt, dass diese komprimierte Form nützlich ist, um keinen Aspekt zu vergessen. Deuten Sie ihre Ergebnisse bereits!

4) **Analyseteil/Hauptteil (mit Interpretation)**

- Inhaltsanalyse (Analysieren und Deuten Sie den Inhalt des Textes. Welche Anspielungen und Querverweise gibt es? Wie wird das Thema xy hier dargestellt? Welche Atmosphäre /Stimmung herrscht vor? Bearbeiten Sie hier auch den Aufgabenschwerpunkt)
- Sprachanalyse (benennen und deuten Sie z.B. stilistische Mittel.) Überlegen Sie immer, welche Funktion, das Stilmittel im konkreten Kontext hat. Arbeiten Sie weitere sprachliche Aspekte (Wortfelder, Zeitstruktur , Sprachebene etc.) heraus und interpretieren diese.

- Formanalyse (hier vertiefen Sie ihre (Fach-)Kenntnisse am Gedicht und stellen z.B. dar, warum das vorliegende Gedicht ein Sonett ist.)

5) **Bezugsanalyse** (hier analysieren Sie werkübergreifende Aspekte, wie z.B.)

- literaturgeschichtliche Einordung (z.B. wie und wodurch zeigt sich die Zugehörigkeit des Gedichtes zur Epoche?),
- mentalitätsgeschichtliche Aspekte (z.B. welche allgemeingeschichtlichen Stoff-, Denk- und Formmuster lassen sich erkennen? Durch welche historischen Prozesse wurde das Werk beeinträchtigt?)
- autobiographische Aspekte (welche aus dem Unterricht/ allgemeinbekannten Informationen über den Autor schlagen sich in Inhalt und Gestaltung des Werkes nieder?)
- rezeptionsgeschichtliche Aspekte (z.B. wie wurde damals über den Text gedacht [mögliche Anknüpfungspunkte: Zensur, Debatte etc.] und wie wirkt der Text heute?)

6) **Zusammenfassung** der Ergebnisse mit Herausstellung einer **Schreibintention**, sowie einem **Aktualitätsbezug**, ggf. können Sie hier ihre eigene, fundierte (!) Meinung äußern.

Generell gilt:

- Lyrische Texte haben eine hohe (sprachliche) Verdichtung: lesen Sie den Text mehrfach und machen Sie sich Notizen!

- Belegen Sie ihre Ausführungen durch Zitate und Vergleiche (ab Punkt 3).

- Schreiben Sie im Präsens (nutzen Sie bei Vorzeitigkeit das Perfekt).

Zitieren:
-Zitieren Sie im Fließtext. Kennzeichnen Sie das Zitat! *Dies zeigt sich durch den Begriff „Fleiß"(V.1).*
V1f. → Sie zitieren Vers 1 und 2.
V.1ff. → Sie zitieren Vers 1,2 und 3.

Nutzen Sie vgl. um auf eine Textstelle zu verweisen. *Das lyrische Ich ist bemüht und strebsam (vgl.V.1).*

Vielen Schülern hilft es mit bereits bekannten **Formulierungen** zu operieren. Die nachstehende Auflistung gibt einige Anhaltspunkte dafür:

1) Das Gedicht „ …" , welches … von … verfasst wurde, thematisiert….

   Im Gedicht „..", verfasst von … und im Jahr … veröffentlicht geht es um, …

2) Die erste Strophe handelt von…

   In den Versen 1-.. geht es um,…

   Zunächst wird das Thema … beschrieben

   Der zweite Absatz behandelt die Thematik…

   Folglich wird… aufgegriffen

3) Das zu analysierende Gedicht verfügt über ….a`….

Es ist in einem durchgängigen… verfasst worden. Das Metrum des Gedichtes ist ein …. ; dies steht symbolisch für…

Die regelmäßige/ unregelmäßige Form des Gedichtes zeigt, ….

Der Wechsel von…

Durch… wird der Inhalt des Gedichtes gespiegelt/ parodiert….

4/5) Durch die Verwendung des Wortfeldes…. /der Adjektive … wird die Atmosphäre des Textes verdeutlicht

Das Stilmittel… unterstreicht die Zusammengehörigkeit des lyrischen Ichs mit dem Angesprochenen. ,

Durch die Stilfiguren… gelingt es dem Verfasser…

Auffällig sind zudem Schlüsselwörter wie….

Die Begriffe ……. zeigen ganz klar eine inhaltliche Nähe zur Epoche ….. .

Durch Begriffe wie…. werden Parallelen zum Leben des Autors deutlich/ zurzeit des …. Klar.

… wird vom Autor/Verfasser/dichter durch … untermauert/belegt/widerlegt/ negiert…..

Außerdem möchte ich anführen, dass …

Der Schriftseller weißt damit auf den Umstand hin, dass….

Aber auch Wortwahl und Satzbau stehen dem entgegen….

Weiterhin bleibt anzumerken…

Somit können zentrale Motive….

Noch wichtiger als … scheint jedoch … zu sein, dass …

Es wird hinterfragt/ erörtert/ zum Nachdenken angeregt….

6) Der Autor hat die Frage eruiert…/möchte verweisen…

Die Beweggründe des Autors…

Zusammenfassend/ abschließend/ schlussendlich lässt sich resümieren/ konstatieren….

Tipp! Nutzen Sie gute Überleitungsformulierungen und Konnektoren!

z.B.

Außerdem/ Abschließend / Auf einmal / Weiterhin / Des Weiteren / Daraufhin / Ergänzend /Darüber hinaus/ Sobald / Allerdings / Andererseits / Auf der anderen Seite / Ferner / Überdies / Zudem / Zwar /Ebenso /Zusätzlich/ Überdies / Daher ….

III.   Übungsklausur

Üben!

A)   Analysieren und Interpretieren Sie das Gedicht!

Der Panther (1903), Rainer Maria Rilke

1.Sein Blick ist vom Vorübergehn der Stäbe
2.so müd geworden, daß er nichts mehr hält.
3.Ihm ist, als ob es tausend Stäbe gäbe
4.und hinter tausend Stäben keine Welt.

5.Der weiche Gang geschmeidig starker Schritte,
6.der sich im allerkleinsten Kreise dreht,
7.ist wie ein Tanz von Kraft um eine Mitte,
8.in der betäubt ein großer Wille steht.

9.Nur manchmal schiebt der Vorhang der Pupille
10.sich lautlos auf –. Dann geht ein Bild hinein,
11.geht durch der Glieder angespannte Stille –
12.und hört im Herzen auf zu sein.

B)   Vergleichen Sie anschließend Ihre Ergebnisse mit dem
Erwartungshorizont. Prüfen Sie, ob Sie Formulierungshilfen
genutzt haben.

Notizen:

zur inhaltliche Leistung

Teilaufgabe 1

	Anforderungen		
	Der Prüfling .... *(Name)*		
1	verfasst einen formal und inhaltlich korrekten Einleitungssatz (Autor, Titel, Gattung, Erscheinungsjahr, Epoche, Thematik/Deutungshypothese) , z.B.: *Das Gedicht „Der Panther", verfasst von Rainer Maria Rilke und im Jahre 1902 veröffentlicht, welches sich der Epoche des Symbolismus zuordnen lässt, thematisiert eine Form der Gefangenschaft.*		
2	verfasst eine strophenweise Inhaltsangabe, die in etwa folgende inhaltliche Entwicklung berücksichtigt: 1. Beschreibt die Perspektive des Panthers (Blick), nur noch Stäbe scheinen existent zu sein 2. Schilderung der typischen Gangart des Tieres und dessen unterdrückten oder erloschenen Willen 3. Wahrnehmung des Panthers, ein schnelles kurzes Aufleben, welches jedoch keinen Bestand hat, da es nicht das Herz durchdringt		

3	Benennt den formalen Aufbau: -drei Strophen mit jeweils vier Versen -fünfhebiger Jambus - letzter Vers: 4-hebiger Jambus Kreuzreim (ababa, cdcd,efef) • Deutung: steht für die Schritte des Tieres		

4	Analysiert das Gedicht sprachlich, unter der Beachtung folgender Aspekte:
	Bsp:
	    • Untersuchung der Wortarten
	Bsp: Verwendung prägnanter Nomen wie Stäbe, Blick, Wille, Stille, häufige Verwendung von Pronomen zur Bezeichnung des Panthers- Anonymität
	    • Syntax: Eher hypotaktisch aufgebaut
	    • Sprache: Verwendung des Konjunktiv II zur Verdeutlichung seines Schicksals, des eingesperrt seins
	    • Präsens
	
	    • Rhetorische Mittel :
	- Repetitio von „Stäbe" (V.1,4,5) zur Verdeutlichung des Eingesperrtseins
	- Metapher: „Vorhang der Pupille"- Auge/visuelle Eindrücke
	- Alliterationen: z.B.: „Gang, geschmeidig" (V.5)- Bild des anmutigen Tieres/Raubkatze
	- Enjambement
	- Vergleich: „Wie ein Tanz von Kraft um eine Mitte"(V.7)- Kreislauf des mächtigen Tieres, welches jedoch trotzdem nicht entfliehen kann		

	- Hyperbel: „allerkleinsten Kreise" zur Untermauerung der Enge des Käfigs
	- Paradoxon: „betäubt ein großer Wille"(V.8)- Gegensatz zwischen Wollen und zu langem nicht Können wird deutlich
	- Symbol: „Herzen" (V.12)- für den Geist eines Wesens
	-Personifikation (V.1,2)
	-Hyperbel (V.6)
	-Paradocon (V.8)
	-Mathaper (V.9,10,12)
	
	    • „Panther" nur in der Überschrift. Im Laufe des Gedichts folgen nur
	    - Pronomen und Beschreibungen des Tieres verwendet („Sein Blick" V. 1; „Ihm ist" V. 3).
	
	        • Stimmung des Gedichts:
	    Resignation, Betäubung, verdeutlicht durch die Verwendung des Adjektivs „müd"(V.2) und des Verbes „betäubt"(V.8)		

5	Interpretation/ Deutung:
	    - Gedicht thematisiert Gefangenschaft und Unfreiheit
	    - Der Panther ist zwar äußerlich lebendig, innerlich hingegen hat der mit der Welt z.T. abgeschlossen
	    - Der Panther kann somit als Symbol auf die Menschheit übertragen werden: er symbolisiert Unfreiheit, mangelnde Selbstbestimmung,		

		Freiheitsentzug - Ggf. Rückgriff zur Reihe: Mensch und Menschlichkeit, Alltag: der Alltag des Tieres, durch die Unfreiheit trist und eintönig kann auf die unfreien Menschen der unfreien Gesellschaft projiziert werden - Die Art des Panthers sich zu bewegen, zeigt die tiefe innere Zerstörung		

6		Der Schlussteil enthält folgende Aspekte:
		
		    • Zusammenfassung der Analyseergebnisse/Deutungshypothese
		    • Intention des Autors
		    • Adressatenbezug
		    • Aktualitätsbezug
		    • Persönliche Wertung		

		Hier können Sie weitere schlüssige Aspekte aufführen: *Ggf. erfüllt ein weiteres aufgabenbezogenes Kriterium (max.+4P.)* →		

Evaluation ihrer Auswertung/ Notizen:

Üben !

Hier finden Sie zu drei häufigen ‚Schulthemen' je ein Gedicht, welches sich gut zur Analyse eignet.

A) Komplex: Stadtlyrik

Der Gott der Stadt (1910) , Georg Heym

1. Auf einem Häuserblocke sitzt er breit.
2. Die Winde lagern schwarz um seine Stirn.
3. Er schaut voll Wut, wo fern in Einsamkeit
4. Die letzten Häuser in das Land verirrn.

5. Vom Abend glänzt der rote Bauch dem Baal,
6. Die großen Städte knien um ihn her.
7. Der Kirchenglocken ungeheure Zahl
8. Wogt auf zu ihm aus schwarzer Türme Meer.

9. Wie Korybanten - Tanz dröhnt die Musik
10. Der Millionen durch die Straßen laut.
11. Der Schlote Rauch, die Wolken der Fabrik
12. Ziehn auf zu ihm, wie Duft von Weihrauch blaut.

13. Das Wetter schwelt in seinen Augenbrauen.

14. Der dunkle Abend wird in Nacht betäubt.
15. Die Stürme flattern, die wie Geier schauen
16. Von seinem Haupthaar, das im Zorne sträubt.

17. Er streckt ins Dunkel seine Fleischerfaust.
18. Er schüttelt sie. Ein Meer von Feuer jagt
19. Durch eine Straße. Und der Glutqualm braust
20. Und frisst sie auf, bis spät der Morgen tagt.

B) Komplex: Liebeslyrik

Das zerbrochene Ringelein (1810), Joseph von Eichendorff

1.In einem kühlen Grunde
2.Da geht ein Mühlenrad,
3.Mein Liebste ist verschwunden,
4.Die dort gewohnet hat.

5.Sie hat mir Treu versprochen,
6.Gab mir ein'n Ring dabei,
7.Sie hat die Treu gebrochen,
8.Mein Ringlein sprang entzwei.

9.Ich möcht als Spielmann reisen
10.Weit in die Welt hinaus,

11.Und singen meine Weisen,
12.Und gehn von Haus zu Haus.

13.Ich möcht als Reiter fliegen
14.Wohl in die blutge Schlacht,
15.Um stille Feuer liegen
16.Im Feld bei dunkler Nacht.

17.Hör ich das Mühlrad gehen:
18.Ich weiß nicht, was ich will –
19.Ich möcht am liebsten sterben,
20.Da wärs auf einmal still!

C)   Komplex: Naturlyrik

[Dämmrung…] (1824), Johann Wolfgang Goethe

1.Dämmrung senkte sich von oben,
2.Schon ist alle Nähe fern;
3.Doch zuerst emporgehoben
4.Holden Lichts der Abendstern!
5.Alles schwankt ins Ungewisse
6.Nebel schleichen in die Höh';

7.Schwarzvertiefte Finsternisse
8.Widerspiegelnd ruht der See.

9.Nun im östlichen Bereiche
10.Ahn' ich Mondenglanz und Glut,
11.Schlanker Weiden Haargezweige
12.Scherzen auf der nächsten Flut.
13.Durch bewegter Schatten Spiele
14.Zittert Lunas Zauberschein,
15.Und durchs Auge schleicht die Kühle
16.Sänftigend ins Herz hinein.

Tipp! Zu einigen Themen der Lyrik, z.B. „unterwegs sein" Lyrik vom Barock bis zur Gegenwart sind separate Bände erschienen! Nachdem Sie hier die Grundlagen gelernt haben, können Sie dort die Details erlernen. Ergänzend empfiehlt sich:

Niklas Discher: unterwegs sein. Lyrik vom Barock bis zur Gegenwart. ISBN: 9783746076621 Preis: 6,75 EUR

Niklas Discher: Prüfungstraining / Übungsklausuren „unterwegs sein" Zentralabitur NRW. GK/ LK (in Vorbereitung, voraustl. 05/2018)

Niklas Discher: „unterwegs sein". Ergänzungsband für den Leistungskurs. (in Vorbereitung, voraustl. Sommer 2018)

Niklas Discher: Wie vergleicht man Gedichte? Deutsch Oberstufe. (in Vorbereitung, voraustl. Sommer 2018)

Von Niklas Discher außerdem in Vorbereitung:

Niklas Discher: Rechtschreibtraining. Band I. Sekundarstufe I.

Von Niklas Discher erschienen:

   a)   Herausgaben

Frank Wedekind: Mit allen Hunden gehetzt. Drama.

64 Seiten. Hrsg. von Niklas Discher

ISBN: 9783744850520   Preis: 5,29 €

   b)   wissenschaftliche Arbeiten

Hofmannsthal. Ein Brief. Sprachspeksis-Sprachkrise-Sprachnot.

Schule in den Buddenbrooks. Ein bildungsgeschichtlicher Abriß.

   c)   Arbeiten für die Schule:

Zum 110. Geburtstag von Mascha Kaléko. Ihre wichtigsten Gedichte interpretiert.

Liste der Titel: (chronologisch)

Paul Fleming: Deutsche Gedichte, Band 1 und 2. Stuttgart 1865.

Annette von Droste-Hülshoff: Gedichte. Heidelberg 1844.

Friedrich Hebbel: Gedichte. Hamburg 1842.

Matthias Claudius: Muselmanach für 1779. (Hg.J.Voss).

Clemens Brentano: Aus der Chronika eines fahrenden Schülers. O.O. 1818.

Matthias Claudius: Lippische Intelligenzblätter (?) 1897(?).

Joseph von Eichendorff: Gedichte. O.O.1837.

Johann Wolfgang von Goethe: Gesamtausgabe Band 1 bis 36. Stuttgart 1867.

Johann Wolfgang von Goethe: Gesamtausgabe Band 1 bis 36. Stuttgart 1867.

Joseph von Eichendorff: Gedichte. O.O.1837.

Eduard Mörike: Maler Nolten. Stuttgart 1832.
Johann Wolfgang von Goethe: Gesamtausgabe Band 1 bis 36. Stuttgart 1867.

Andreas Gryphius: Das Ander Buch. Frankfurt a.M. 1650. (Nachdruck 1832?)
Johann Wolfgang von Goethe: Gesamtausgabe Band 1 bis 36. Stuttgart 1867.
Friedrich von Schiller: Musenalamanach für 1798. Stuttgart 1798.
Rainer Maria Rilke: Neue Gedichte. O.O. 1908.
Georg Heym: Der ewige Tag. Berlin 1910/12.
Joseph von Eichendorff: Gedichte. O.O.1832.
Johann Wolfgang von Goethe: Gesamtausgabe Band 1 bis 36. Stuttgart 1867.

Gemeinfreie Texte, damit wird i.d.R. auf die Erstausgabe den Erstdruck zurückgegriffen.

IV.　　Lösungen

Reim
- A) Paarreim
- B) Kreuzreim
- C) Verschränkter Reim
- D) Schweifreim
- E) Umarmender Rreim
- F) Haufenreim

Metrum
- A) Jambus
- B) Anapäst
- C) Trochäus
- D) Spondeus
- E) Daktylus

Kadenz
- A) Wechsel klingende und stumpfe Kadenz (zwei Paarreime im Wechsel)

Enjambements
- A) V. 3/4
- B) V. 5/6

Stilfiguren
- 1. X
  - A) Neologismus
  - B) Rh. Frage
  - C) Hendiadyoin
  - D) Metapher
  - E) Pleonasmus
  - F) Repetitio
- 2. X

  Individuelle Lösungen
- 3. X

  S. Liste

4. Anapher, Antithese, Metapher (für Nebel), Alliteration, Polysyndeton/ Aufzählung, Metapher/ Neologismus, Personifikation, Hyperbel, Zeugma, Personifikation, Parallelismus

5.

Es schlug mein Herz. Geschwind, zu Pferde!	Anapher, Symbol
Und fort, wild wie ein Held zur Schlacht.	Antithese
Der Abend wiegte schon die Erde,	Personifikation
Und an den Bergen hing die Nacht.	Parataxe
Schon stund im Nebelkleid die Eiche	Personifikation
Wie ein getürmter Riese da,	Metapher, Hypotaxe
Wo Finsternis aus dem Gesträuche	
Mit hundert schwarzen Augen sah.	Personifikation; Hyperbel; Metapher
Der Mond von einem Wolkenhügel	Personifikation
Sah schläfrig aus dem Duft hervor,	Personifikation
Die Winde schwangen leise Flügel,	Antithese
Umsausten schauerlich mein Ohr.	Metapher
Die Nacht schuf tausend Ungeheuer,	Alliteration
Doch tausendfacher war mein Mut,	Anapher; Parallelismus; Ellipse
Mein Geist war ein verzehrend Feuer,	Metapher
Mein ganzes Herz zerfloß in Glut.	
Ich sah dich, und die milde Freude	Inversion; Paradoxon
Floß aus dem süßen Blick auf mich.	Metapher
Ganz war mein Herz an deiner Seite,	Inversion
Und jeder Atemzug für dich.	Metapher

Ein rosenfarbnes Frühlingswetter Lag auf dem lieblichen Gesicht Und Zärtlichkeit für mich, ihr Götter, Ich hofft' es, ich verdient' es nicht.	Ellipse Anapher, Parallelismus
Der Abschied, wie bedrängt, wie trübe! Aus deinen Blicken sprach dein Herz. In deinen Küssen welche Liebe, O welche Wonne, welcher Schmerz! Du gingst, ich stund und sah zur Erden Und sah dir nach mit nassem Blick. Und doch, welch Glück, geliebt zu werden, Und lieben, Götter, welch ein Glück!	Inversion Parallelismus; Antithese; Ellipse Anapher Chiasmus

Gedichtformen

- A) Sonett
- B) Volksliedstrophen (auch: Ballade)
- C) Ballade

Lob, Kritik, Anregungen? Discher-schreibt@web.de